中华爱国人物故事

人物故事
ZHONGHUA AIGUO RENWU GUSHI

县委书记的好榜样焦裕禄

邹世允　张一　编著

吉林人民出版社

图书在版编目(CIP)数据

县委书记的好榜样焦裕禄 / 邹世允, 张一编著. --
长春 : 吉林人民出版社, 2011.4
(中华爱国人物故事)
ISBN 978-7-206-07824-8

Ⅰ. ①县… Ⅱ. ①邹… ②张… Ⅲ. ①焦裕禄(
1922～1964) – 生平事迹 Ⅳ. ①K827=7

中国版本图书馆 CIP 数据核字(2011)第 075846 号

县委书记的好榜样焦裕禄
XIANWEI SHUJI DE HAOBANGYANG JIAO YULU

编　著 : 邹世允　张　一
责任编辑 : 孙　一　　　　　　　封面设计 : 七　洱
吉林人民出版社出版 发行(长春市人民大街7548号　邮政编码:130022)
印　刷 : 鸿鹄(唐山)印务有限公司
开　本 : 670mm×950mm　　　1/16
印　张 : 8　　　　　　　　　字　数 : 70千字
标准书号 : ISBN 978-7-206-07824-8
版　次 : 2011年4月第1版　　　印　次 : 2023年6月第4次印刷
定　价 : 35.00元

总　序

胡维革

　　《中华爱国人物故事》是一套故事丛书。它汇集了我国历史上80位古圣先贤、民族英雄、志士仁人、革命领袖、先进模范人物的生动感人史迹，表现了作为中华民族优秀传统的伟大的爱国主义精神。

　　爱国主义是人们对于"生于斯、长于斯、衣食于斯"的祖国的一种神圣感情，是人们对于自己民族的一种强烈的责任感和使命感，是感召和激励整个中华民族的一面永不褪色的旗帜。在漫长的历史上，爱国主义一直激励着中华儿女为祖国的独立、统一、进步和繁荣而英勇奋斗。从伟大的思想家教育家孔子到统一全国的千古一帝秦始皇，从秉笔直书著《史记》的司马

迁到鞠躬尽瘁死而后已的诸葛亮，从伟大的浪漫主义诗人李白到精忠报国的民族英雄岳飞，从七下西洋传播友谊的郑和到抗击倭寇的民族英雄戚继光，从苟利国家生死以的林则徐到为变法流血的第一人谭嗣同，从威震敌胆的抗联将军杨靖宇到人民音乐家聂耳与冼星海，从踏遍青山人未老的李四光到万婴之母林巧稚，从县委书记的好榜样焦裕禄到情系雪域献身高原的孔繁森……都表现出了强烈的爱国主义精神。正是由于热爱祖国的人们前仆后继地奋斗，国家和民族才得以生存，历经一次次历史危急关头而能转危为安，走向兴盛和富强，从而屹立于世界民族之林。爱国主义是鼓舞中华儿女历经忧患、跨越沧桑、百折不挠、自强不息的伟大力量，它贯穿于中华民族的整个历史，并有力地凝聚着五洲四海的中国人。

爱国主义是一个历史的范畴,在社会发展的不同阶段、不同时期有着不同的具体内容。革命时期,需要我们为祖国的独立自主出生入死;建设时期,需要我们为祖国的繁荣富强增砖添瓦;在全国各族人民团结一心建设富强、民主、文明、和谐的社会主义现代化国家的今天,我们要争做一名新时期的爱国者。新时期的爱国者要有强烈的民族自尊心和自豪感。民族自尊心和自豪感是任何时期任何爱国者都必须具备的情感。民族自尊心能增强我们自立向上的恒心,民族自豪感能树立我们建设祖国的信心。要树立"祖国高于一切"的崇高信念,为了祖国和人民的利益不惜抛却个人的利益,甚至不惜牺牲个人的生命。要树立终身学习的理念,拓

宽自己的知识面,广泛吸收新知识新技术,完善自身的知识结构,更新学习知识的方法与理念,从思想上、知识上充分武装自己,为祖国的繁荣昌盛贡献力量。

爱国主义思想的继承和发扬,是关系到民族盛衰、国家兴亡的根本问题。一代代人爱国主义思想情操的形成,需要不断地培养。培养爱国主义的一个重要途径是向爱国主义的英雄人物和典范事迹学习。这套丛书的出版,对于人们向英雄和先进人物学习,特别是对于在中小学生中进行爱国主义教育,将可提供一些生动的教材。祝愿此书出版发行成功,为培养"四有"新人做出贡献。

于 2011 年 4 月 23 日

世界读书日

中华爱国人物故事

目 录
CONTENTS

目 录。
CONTENTS

苦大仇深渴望翻身

　　焦裕禄出生在一个贫苦农民家庭，青少年时代受尽了苦难的煎熬。7岁上学，学习刻苦认真，考试成绩总在前几名。1932年，家乡遭遇灾荒，家境十分贫困，11岁的焦裕禄被迫退学，跟随穷乡亲推着独轮小车，运煤卖煤。

　　在那暗无天日的旧社会，焦裕禄的家庭和广大劳动人民一样，深受帝国主义、官僚资本主义、封建主义三座大山的残酷压迫和剥削，过着牛马不如的生活。焦裕禄十几岁时，日本鬼子侵占了山东博山。为了一家人的生活，他被迫到黑山煤窑当小工。每天要干十几个小时的重活，得到的仅仅是一点棒子面，别说是养家糊口，连自己的肚子也填不饱。焦裕禄的父亲因无钱还债，被地主活活逼死。眼泪未干，焦裕禄又被日本鬼子抓到抚顺的一个煤窑做苦工。在日本鬼子、汉奸的刺刀威逼下，他每天在煤窑里干15个小时以上的苦工，和焦裕禄同志住在一个工棚的23个人中，两三个月里，就有17人被折磨死去。每当工友们不幸死亡的时候，焦裕禄的心比针刺还要难受。他不堪忍受日寇的非人折磨，和工友一道同敌人进行了不屈不挠的斗争，冒着生命危险逃出了虎口。

焦裕禄逃出了虎口，又掉进了狼穴。他逃荒要饭跑到江苏宿迁，不得不给一个姓胡的地主当长工。焦裕禄进一步受到了残酷折磨，甚至在他生病的时候，地主还逼他干活。

这阶级仇、民族恨，在焦裕禄幼小的心灵上，打下了深深的烙印。1945年，毛主席领导全国人民取得了抗日战争的伟大胜利。焦裕禄的家乡解放了。他怀着激动的心情，抱着要翻身、求解放的强烈愿望回到了家乡。

走上革命道路

　　焦裕禄这个苦水里生苦水里长的青年农民，找到了党组织，参加了民兵队伍。在地下党的启发教育下懂得了：劳动人民要彻底翻身解放，就必须在共产党和毛主席的领导下，打倒国民党反动派，推翻帝、官、封三座大山，建立一个人民当家作主的新中国。焦裕禄很快担任了村里的民兵班长，他经常带领民兵打土豪、除汉奸，配合部队消灭敌人。在斗争中，他总是冲锋在前，出色地完成上级交给的每一项任务。在党的教育、培养下，焦裕禄同志于1946年元月，光荣地加入中国共产党，成为一名坚强的革命战士。他在入党申请书上这样写道：共产党是人民群众的救星，没有共产党，革命就不能胜利，穷人就不能翻身。我要听毛主席的话，跟共产党走，为推翻旧社会，建立新中国，实现共产主义而奋斗！焦裕禄入党

焦裕禄宣传画

不久，组织就把他调到八陡区武装部任干事。在武装部工作期间，他敢于斗争，善于斗争。有一个时期，民兵缺乏弹药，他就根据上级指示，带领大家积极学习自制地雷、布地雷阵。焦裕禄对学习造地雷和埋地雷干得非常出色。他经常带领民兵摸黑到敌人据点旁边埋地雷，埋好地雷后，就放冷枪、骂阵，故意刺激敌军。敌军一出来，就被炸得血肉横飞。1947年春，盘踞在淄川、博山、章丘三个县的还乡团纠合一起，准备扫荡崮山根据地。当时，敌众我寡，力量悬殊，想要主力部队增援，可时间又不允许。在研究对策时，焦裕禄提出了一个智退敌人的办法。派出六名同志在黑山、岳庄一带。在民房门上用粉笔写上"八陡×团×营驻""×团×营×连驻"等字样。当敌人经过这里，见到民房上的粉笔字时，大吃一惊，认为八路军主力部队马上就要开来，慌忙下令后撤。等到敌人弄清虚实，再转回头来时，我增援部队已赶到，粉碎了还乡团的阴谋，保护了崮山根据地。

随军南下开辟新区

1947年7月，为了帮助新解放区人民翻身求解放，焦裕禄被调到渤海地区南下工作队，集训后分配到淮河大队一中队任班长。在南下途中，他经常替女同志和身体差的队员扛背包、背干粮袋。最多时，他一个人竟背了四个人的背包。为了在沿途做好对新解放区群众的宣传工作，大队党委要求一中队在较短的时间里，排演一曲反映河南农民在国民党统治下悲惨生活的大型歌剧《血泪仇》。焦裕禄主动报名扮演剧中的主角王东才。没有排练时间，他就边行军边背台

青年时代的焦裕禄

词。休息和宿营时，他就抓紧时间集中排练，常常忙得连饭也顾不上吃。二十多天后，《血泪仇》在阳谷县首场演出。当晚，方圆十几里的群众，扶老携幼，赶来观看，场上人山人海。焦裕禄同志激昂悲愤的唱腔，严肃逼真的表演，深深地感染了全场观众。台上在哭泣，台下在

争阅土地改革法（木刻版画）

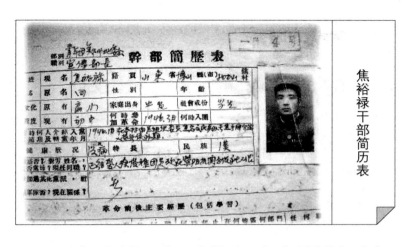

焦裕禄干部简历表

流泪，全场到处是哭声和痛骂国民党反动派的怒吼声。群众异口同声地高呼，"打到南京去，解放全中国！"演出结束后，当场有很多青年报名参军。

1948年2月13日，南下工作队到达河南境内。焦裕禄同志被分配到尉氏县彭店区，发动群众建立根据地。他坚持依靠贫雇农，广泛发动群众，经常在彭店古会上做政治宣传。在彭店区委的领导下，群众很快就发动起来了。接着建立了农会和民兵组织，没收了地主的浮财，分了地主的土地。对彭店出现的新局面，盘踞在彭店边缘地区的国民党军队怕得要死，恨得要命。

1948年3月的一天，鄢陵县保安团长、大土匪头子洪启龙亲自带领四百多匪兵，杀气腾腾地向彭店村扑来。当时，村里干部、民兵总共只有15人，3支短枪，10来支长枪。焦裕禄同志镇定自若，把干部、民兵分三个组，

一面组织群众转移，一面指挥民兵掩护。当敌人离村子只有几十米时，焦裕禄鸣枪发令，十多支枪一齐射击，埋伏的群众蜂拥而起，齐声高喊："冲啊！冲啊！"贪生怕死的匪兵一看这声势，以为遇到解放军主力部队，吓得惊慌失措，仓皇逃跑。

1949年春，焦裕禄同志完成支前任务后，由淮海前线返回尉氏县，被任命为大营区副区长，负责剿匪反霸工作。根据大营区的实际情况，区委决定的对敌策略是分化敌人，教育多数，孤立少数，打击顽固分子。党的

翻身农民同地主作斗争

政策和策略发挥了巨大威力，把恶贯满盈的地主黄老三抓了回来，判处了死刑。"毙了黄老三，大营晴了天。"从此，群众消除了顾虑，大营区的剿匪反霸斗争，一个接一个地取得了巨大胜利。1950年夏，焦裕禄同志被提升为大营区委副书记兼区长。

1952年春，焦裕禄同志调陈留团地委任宣传部部长时，参加地委工作组到杞县搞土地复查。他利用一切机会接触青年，调查青年思想实际，趁着各种间隙找团干部谈话，了解青年工作状况，常常是通宵达旦。一位团干部说："团的工作就比人家事多，熬眼多。"焦裕禄笑着说："年轻力壮的时候不为党多做点事，将来老了，只

怕想干也干不成了!"

　　1953年夏,焦裕禄同志任青年团郑州地委第二书记,一位在尉氏县工作过的团干部来看他,老战友相逢,格外亲热。焦裕禄问:"这次到哪里去?"他说:"转业了,到省里待分配工作。"焦裕禄说:"是啊,团干部总要转业改行的。可咱们做过团的工作的人不能忘了青年,要永远把教育青年的任务担在肩上。"

工业战线上的红旗手

1953年，祖国大规模的经济建设开始了。全国人民在社会主义工业化的大道上迈出了矫健的步伐。这时，党从各个方面抽调大批优秀干部，派往工业战线。

焦裕禄怀着无限激情，抱着实现社会主义工业化的崇高理想，从农村工作岗位，来到了洛阳矿山机器厂。

新中国成立前，焦裕禄只读过几年小学，文化低，科学知识更差，摆在他面前的却是一个崭新的、十分艰巨的课题。如何完成党交给的任务呢？他想：单凭热情，不懂业务、技术，根本不适应现代化的工业生产。工厂党委深切体察到焦裕禄的心思，就派他到哈尔滨工业大学学习，到大连起重机厂实习，在学习和实习的过程中，他刻苦钻研、艰辛劳动，努力攀登科学技术高峰。

在哈尔滨工业大学学习时，他是优秀党员；在大连起重机厂实习时，职工称他是"最棒的车间主任"；在洛

阳矿山机器厂任调度科长时，大家热情地称他为"政治科长"。最后终于由外行变内行，成为工业战线上的红旗手。

一、新的课题

1953年，国家开始大规模的工业建设，党需要大批优秀干部加强工业建设，同年7月，焦裕禄被调到洛阳矿山机器厂。担任筹建处资料办公室秘书组的副组长，负责搜集洛阳的水文、地质、气象等历史资料，为选择厂址提供科学根据。从农业战线到工业战线后，焦裕禄决心从头学起。厂里要抢修一条由金谷园车站直达建厂

哈尔滨工业大学50年代校址

的金矿公路。任务重、时间紧，新组合的班子和调来的干部都没有修过桥和路，产生了畏难情绪，为了加快工程进度，焦裕禄吃住在工地，认真帮助解决工程中出现的困难和问题，督促施工进展，检查工程质量。

1954年8月，金矿公路刚刚通车，厂党委决定焦裕禄和一部分转业干部，到哈尔滨工业大学学习。个别干部因家庭有困难，怕学习坚持不下去。在焦裕禄的带动下，强调家庭有困难的同志也都到哈尔滨工业大学去了。他们在哈尔滨复习课程时，刻苦钻研工业管理知识，为由外行变为内行奠定了理论知识的基础。

哈尔滨工业大学新校址

二、成为管理工业的内行

1955年初，洛阳矿山机器厂决定提前开工生产。焦裕禄同志又被分配到大连起重机厂机械加工车间，担任实习车间主任。焦裕禄问起重机厂的同志："学会工厂中的管理业务，得多长时间？"对方说："有一两年时间大致可摸到点门儿。"焦裕禄决心加快步伐，缩短实习时间，整天同工人一起劳动。凡是同管理业务有关的问题，他都刨根问底。有时为弄清某个零件的加工过程，他一

焦裕禄到工厂以后，从头学起，这是他和厂干部一起学习工业管理知识。

连跑几个车间。为了早日掌握工业管理知识，他一面跟调度员学调度，一面跟计划员学安排生产计划。一次，他要求计划员让他自己安排一次计划试试。计划员觉得焦裕禄同志实习才几个月，不可能编好计划。焦裕禄看他有点犹豫，便用商量的口吻说："你在一边看着，我安排错了，你马上纠正。"计划员无法拒绝，只好让他试试。结果，焦裕禄竟

焦裕禄提倡在第一线管理生产，学习掌握每一个生产环节。这是他在检查减速机的运转情况。

很快就把计划编排好了，而且编排的既周密准确，又切合实际。

1956年7月至10月，《起重机厂报》连续发表了题为《减速机工段党小组是怎样保证完成计划的》《对工段长工作方法的几点体会》《谈谈前方竞赛中的问题和意见》等焦裕禄同志的署名文章。文章强调了党的核心领导作用，提出了加强思想政治工作，全面发动群众，改善企业管理等方面的意见。

焦裕禄在大连起重机厂机械车间学习期间，被职工推选为车间主任，这是他给先进生产者发奖。

同年11月11日，《起重机厂报》登载了"机械车间被评为前后方竞赛优秀单位"的消息，并以整版篇幅刊登了焦裕禄写的《机械车间三季度竞赛总结》。12月，焦裕禄为车间基层干部总结了十条工作经验。这十条工作经验是：（1）要依靠群众；（2）要发扬民主；（3）要经常总结工作；（4）要学习政治；（5）要利用积极分子做工作；（6）要了解群众思想，关心群众生活；（7）要依靠党的领导；（8）要搞好团结；（9）要学习党的政策；（10）要主动向上级汇报情况。厂党委采纳了这十条经验，改进了管理方法，调整了生产。

1956年底，焦裕禄同志满载学习成果，回到洛阳矿山机器厂，担任一金工车间主任，带领职工投入了紧张的设备安装工作。

1958年春，一金工车间的设备安装，虽然还没有完全结束，但厂党委却已经下达了试制两米五双筒卷扬机的任务。当时，设备不全，人员不齐，缺乏经验。为了突破难关，完成任务，焦裕禄日夜不离车间，始终和工人劳动在一起，打水、送饭、递工具、喊吊车。实在困极，就把大衣铺在一条长板凳上合一下眼，经过两个月的奋战，我国第一台新型两米五双筒卷扬机制造出来了。因为生产成绩显著，1958年底，一金工车间被评为全厂的红旗车间。

1959年春，洛阳矿山机器厂全面投产，焦裕禄又任厂里的调度科长，担负起全厂的生产调度任务。他工作起来细致、踏实，经常深入车间了解情况，帮助车间解决困难和问题。在他随身携带的兜兜里，经常

焦裕禄同志穿过的鞋袜

装着好几种工作手册，分门别类，记载着各车间的情况。从生产任务，设备条件，劳动力量，以致哪个工人有什么思想问题、家庭困难等等，他都记得清清楚楚，了如指掌。工人们说："焦科长不仅谙熟业务，还善于抓政治，抓人的思想，跟着他再重再难的任务，我们都乐于接受。"

就这样，焦裕禄同志在党的培养下，很快地就成了管理工业的内行。

焦裕禄和工人在一起

战自然 锁风沙

　　风沙是影响兰考人民生产和生活的三害之一。新中国成立前曾流传过这样一首悲惨凄楚的歌谣："冬春风沙狂，夏秋水汪汪，一年劳动半年糠，交租纳税恨官堂，扶老携幼逃荒去，卖了儿和女，饿死爹和娘。"……

　　新中国成立后，兰考人民在党和政府的领导下，不断向自然灾害作斗争，做了不少工作，像圈沙、囤沙、挖防风沟、打防风墙等，生产有了很大发展，粮食产量比新中国成立前有了很大提高。但从1959年起，连续四年大灾，兰考人民又受到了很大的打击。焦裕禄于1962年12月，调到兰考后，治理风沙灾害便成为他首当其冲要解决的问题。

　　1963年的春天，弥天的大风沙又开始袭击兰考。

　　一天清晨，焦裕禄找到县委副书记张钦礼同志，急切地说要出去看看。说完，二人便朝黄河故道走去。

　　他们俩相随着，迈开大步，登上了北大堤。展现在他们面前的就是黄河故道，一望无际，平沙无垠。村村落落，被早晨的迷雾笼罩着，迷迷蒙蒙，若隐若现。这时，只见西北方涌起一道赭黄色的沙柱，冲天而起。霎时间，沙柱由低而高，直冲云霄。沙柱渐粗渐大，在盘旋，在上升。过了一会儿，沙柱又分成两路，一路奔向西南，一路奔向东南，迅速地前进。

　　焦裕禄指着西北方向，问道："现在起风的是什么地方？"

　　"黄河滩。"

　　他又问："哪个村庄？"

　　"朱庵。"

　　"落到哪个地方？"

　　"这……还搞不太清楚。"

　　焦裕禄用手指着天空，划了一个弧形，说道："你瞧，风有风路，沙有沙路，水有水路，一点不乱。这可能有它的规律，我们应该把它弄清楚。"接着，他说道："只有认识了客观规律，我们才能提出有效的办法，变革客观世界。我们要除'三害'，要治沙，只有查清了风口，摸清了它的道路，才能想法治服它。"

　　随后，根据焦裕禄的想法，县委先后组织抽调了120名干部、老农和技术人员，组成一支三结合的"三害"调查队，在全县分头展开了大规模的追洪水、查风口、探流沙的调查研究工作。

一天，调查组在焦裕禄等县委领导同志带领下，正准备分头去查风沙。在出发的这天，正好遇上一场大风。有个同志在旁边劝阻焦裕禄说："这么大的风，我们改天再去吧！"

"嘿，这正是个好机会哩！"焦裕禄大笑着说；"查风口和打仗一样，一定要抓住机会。机不可失，时不再来。今天正是我们查风口最有利的时机。我们一定要迎着风头，揪住它的尾巴，紧紧跟着它，看它从哪里来，到哪里去，摸清它的底细。"

他推着自行车，正要上路，忽然一阵狂风迎面冲来，把他打了个趔趄。一个同志赶忙上去扶住他，再次劝解道："焦书记，你还是留在家里，让我们去吧！"

焦裕禄（中国画）作者·毛本华　王刚　鲍璐　郝米嘉

焦裕禄晃了一下，站稳了脚跟，笑着说："不行。别人吃过的馍没有味道。我要亲自看看。"

同志们看实在是拗不过他，只好和他一起出发了。

大风伴着黄沙，呼呼地刮着，骑着车走是不可能的，他们只能推着走。焦裕禄一边走，一边凑到同行的青年耳边，对他说："伙计，不要怕，顶住它！"

焦裕禄发现泡桐是兰考的一宝，能迅速生长，改变沙区面貌，并号召大力种植泡桐树，他说："沙地不造林，有地不养人"。这是他在泡桐树旁的留影。

走着，走着，他们艰难地来到胡集村西头，风也越来越猛了。焦裕禄把车子放倒在地上，掏出手巾，打趣地说："擦一擦吧，快成大花脸了。"

青年转过头来，望了焦裕禄一眼，忍不住笑了起来："你还说我呢，你的脸恐怕比我还要花哩！"

擦完脸后，焦裕禄弯下腰，看了看地里的庄稼，既心疼又吃惊地说："啊，往北这片庄稼都被风刮平了！

瞧，那一片连根都拔了出来。这家伙是厉害！"

随行的同志回答说："这地方是个风口。"

话刚说出口，一阵急骤的旋风席地卷来。那个同志忙喊了一句："老焦，快趴下。"说罢，赶忙扑过去，打了个趔趄挡住了风，黄风过去，青年的脸上、嘴上，沾满了泥沙。当这个青年凝望着过去的风沙说："风沙这样猖狂，怎么办？"

焦裕禄斩钉截铁地说："锁住它，一定要锁住它。用防风林锁住它；用挡风沟锁住它；用挡风墙锁住它。一道不行，就多来几道。一定能锁住它。"

焦裕禄在风沙中艰难地行进着，风卷着沙，沙伴着风，排山倒海般一阵猛似一阵地肆虐着，沙粒打在人的

脸上，火燎一样疼痛难忍。眼睛睁不开，每走一步都要付出巨大的努力。不大一会儿，焦裕禄便累得气喘吁吁，肝部也隐隐作痛起来，焦裕禄望着随行的青年，见他也很疲倦了的样子，就鼓励说："谁英雄好汉，大风沙中比比看！"这位青年看焦书记这样乐观，不觉也增添了无穷的力量，步子迈得更快了，同时他想起了在这之前的一件事情。

　　一天早晨，狂风骤起，黄沙数天，几米外看不清人。这时，焦裕禄随着一阵黄沙冲进县委办公室，他说："这种天气，正是查看风口的好机会，千万不能错过。"还是这位青年，顺势往窗外瞧了瞧，担心焦裕禄

的身体吃不消，本想劝说几句，可他非常了解焦裕禄的工作作风，话到嘴边却成了另外一句："到哪里去呢？"

"哪里风沙最大，就到哪里去。"焦裕禄干脆地说，"仅封公社不是有很多沙丘吗？咱们就到那里去。"

就这样，他们迎着风沙走去，走过一个又一个沙窝，爬过一个又一个沙丘，狂风暴雪丝毫没有动摇他们为治理风沙而查根求源的决心。风沙无奈地撕扯着树枝、庄稼，发出一种近似绝望的呜呜声。

他们来到一个大沙丘上，焦裕禄说："你知道这样一个悲惨的故事吗？很久以前，这一座山丘下面曾是一座美丽的村庄，村民们在这里繁衍生息。不料连年不断的西北风，把积聚在北边的山丘裹挟着流向这里，压毁了

时代楷模——焦裕禄

房屋，打毁了庄稼，人们再也无法安居，只好相继迁走了。可是，一个贫苦的老太太宁死不愿离家，在一天夜里，被一阵突然刮来的风沙活活埋在了下边。旧社会，穷苦人的死活有谁管？现在，我们还能看着广大群众深受'三害'之苦而耽误时间吗？我们身在兰考，不把它彻底制服，死不瞑目！"

　　走下山丘，焦裕禄在黄尘中爬上了黄河故堤，堤北是一片连绵起伏的荒沙土岭。只见狂风起处，流沙滚滚，冲刷着耕地里的麦苗，把一切都染成了枯黄色。看到这种情景，焦裕禄心痛极了。他拿起几棵被连根拔起的麦苗，沉默了好久。他站起身，继续向风沙的源头走去。

　　想到这里，突然一阵风把这个青年的思绪打断。这个青年抬头一看，焦书记已经把他落下好长一段路，于

焦裕禄像

是，他紧走几步，赶了上来。狂风几次把焦裕禄的帽子吹掉，他全不在乎，后来干脆不戴了。一直等到太阳西斜，风平沙落，他们才带着数据和资料回到县委。

经过调查队的普遍调查，查清了全县的大风口、沙丘、沙龙。同志们把每个沙丘的方位、面积、高度，都画上了图、编了号。这样一来，在沙区应该先治理的沙丘目标就暴露出来了。当大家坐下来，研究如何治理沙丘时，焦裕禄逐个征求大家的意见。有讲造林固沙的，有说挖防风沟、打挡风墙的，意见很多。焦裕禄接着说："这些办法都很好，就是慢了点。我们看着受灾的群众，再想想我们的责任，治沙的事，能不能快点？"

过了一会儿，焦裕禄突然向身旁的张钦礼问道："钦礼，不知道别的地方有没有快办法？"

张钦礼随即答道："听一个林业大学生说，他们的教科书里，有一种办法，叫沥青固沙法，我看这个方法不成。"说完，就把如何用灭火车喷沥青固沙的方法简单介绍一下。

焦裕禄听完后说道："对，这个办法只适合外国，不适合中国兰考，咱们没有那么多灭火车去喷沙，咱们有的是人。咱们不要它的高、大、洋，咱们用咱们的南泥湾精神。到群众中去，一定能想出办法。"

同志们带着这个问题，到风沙危害最为严重的张庄去，向老农请教。开了好长一段时间会，也没想出好办法来。人们在回家的路上，忽然听到一个叫魏泽彬的农民随便说道："穷人就是命苦，活着受地主的欺侮，死了还要受风沙的欺凌。"同行的人问："死了怎么还受欺侮呢？"

"俺娘的坟，每年冬春，都被狂风扒开来，露出棺材。"魏泽彬答道，并顺势

焦裕禄　年画　作者·喻正元

指了一下他娘的坟的地方。人们仔细一看，是一个很大的土鼓堆。"这是用淤泥盖上的，淤泥盖上以后，狂风再也刮不动了。"

大家问他挖了多久，他说："只用了一个早晨，就把它盖住了。"

同志们听到这个事例，顿时感到，心里一亮，非常高兴，急忙回来向焦裕禄汇报。焦裕禄听完，大感兴趣。他霍然站了起来，提着笔，兴致勃勃地说："这是个重要的发现，一个人，一个坟，一个早晨，对我们是很好的启发。我们要是发挥人民公社的集体力量，一百人，一千人，一万人，十几万人，孩子老婆齐上阵，大筐小筐

20世纪60年代电影纪录片《毛主席的好学生——焦裕禄》海报宣传画。作者·董辰生

往上端，担的担，挑的挑，抬的抬，扛的扛，凡是有淤土的地方，都采用淤泥盖沙的办法，用它一年、两年或三年的时间，准可以让兰考来个大翻身。"然后，在张庄的试验就开始了。

一次，焦裕禄去赵垛楼，看到那里群众干劲很大，挖了防风沟，打了挡风墙，但是仍挡不住风沙的侵袭。于是就建议他们，用翻淤压沙的办法试试。赵垛楼的群众同意了。焦裕禄又派张钦礼到那里领导实行，如果能成功，就迅速推广。

张钦礼来到以后，和大队的干部，还有一些老贫农商量，首先在小三义寨西北的沙丘上试点。群众的干劲很足，只用了两天时间，就封住了一个137亩大的沙丘，社员们都感到非常高兴。正要收工的时候，广播喇叭里忽然传来了大风警报，说是当天晚上，全县境内将有七级大风。大家都说："真是凑巧，刚刚收工，老天爷就来考验我们了。也好，就让它来给我们'验收'吧！"

到了晚上，大家听着窗外暴跳如雷的风声，心里惴

惴不宁。不知道新盖上的淤土，能不能顶得住狂风的袭击。

第二天凌晨，干部、社员老早起床，跑到沙丘上一看，只见凡是封过的地方，刮的是清风，没封的地方刮的是黄风，连沙带土，满天飞扬。社员们都说："还是这个办法好啊！"

张钦礼把情况向焦裕禄做了汇报，焦裕禄也在电话里告诉他："张庄翻淤压沙的试验也成功了。"这样，大家的信心就更大了。接着县委把这两处试验成功的办法向全县推广。冬去春来，又在上面种了各种树林。焦裕禄兴奋地看了一处又一处，他指着封闭了的沙丘说道："沙丘危害数百年，现在我们给它贴上膏药（盖上淤泥），又扎上针（栽上树），从治病来说，这还只是个救急办法，还只是走了第一步。下雨之后，能否保持住，还不知道。看来，要根治沙丘，还要做很多的工作。"

后来经过反复实践和考验，焦裕禄把治沙的工作总结了三条经验：造林固沙，百年大计；育草封沙，当年见效；翻淤压沙，立竿见影。三管齐下，紧密结合，才能够根治风沙灾害。

统一县委领导班子思想

　　兰考是一个老灾区。当时整个县上的工作，大部放在救灾上。县里有些干部被灾害压住了头。对改变兰考面貌缺乏信心。是依靠群众，自力更生，改变灾区面貌，还是两手向上，依赖救济呢？面对这种情况，焦裕禄同

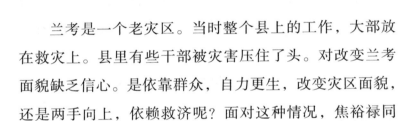

志感到：要改变兰考面貌，干部是关键。"干部不领，水牛掉井"。群众在灾害面前两眼望着县委，县委领导挺不起腰杆，群众的积极性就得不到充分发挥。

1963年元月，焦裕禄在县委扩大会议上，要求各级领导同志要带头到困难村去，与基层干部同甘苦、共患难，为改变贫困地区面貌做出贡献，为基层干部作出榜样，真正做到心不离群众，身不离灾区。

在一个风雪交加的夜晚，焦裕禄召集在家的县委委员开会。人们到齐后，他没有宣布议事日程，就领着大家到火车站去了。

当时，兰考车站上北风怒号，大雪纷飞。车站的屋

檐下，挂着尺把长的冰柱。国家运送兰考一带灾民往丰收地区的专车，正从这里开过。也还有一些灾民，穿着国家救济的棉衣，蜷曲在货车上，拥挤在候车室里……

　　焦裕禄指着他们，沉重地对同志们说："他们绝大多数人，都是我们的阶级兄弟。是灾荒逼迫他们背井离乡的，不能责怪他们，我们有责任。党把这个县三十六万群众交给我们，我们不能领导他们战胜灾荒，应该感到羞耻和痛心……"焦裕禄再也讲不下去了。几位县委领

焦裕禄（油画）

作者·郝米嘉　李建东

导低下了头，而心里却豁然开朗，明白了风雪夜车站之
行的含义。县委一班人受到了一次最实际、最生动的思
想教育，增强了率领广大干群团结奋斗，努力改变兰考
面貌的决心。

回到县委后，焦裕禄同志又组织大家学习《为人民
服务》《纪念白求恩》《愚公移山》等文章，鼓舞大家的
革命干劲，鼓励大家像张思德、白求恩那样工作。

后来，焦裕禄又专门召开了一次常委会，回忆兰考
县的革命斗争史。焦裕禄说："兰考这块地方，是先烈们
用鲜血换来的，先烈们并没有因为兰考人穷灾大，就把
它让给敌人，难道我们就不能在这里战胜灾害吗？"

就这样，一个"如何战胜灾荒，改变兰考面貌"的
大讨论在全县迅速展开了。县委领导干部，纷纷走出县
委机关，到农村驻队蹲点。焦裕禄到许多重灾村调查研

究，通过走、看、问、记，获得了大量的第一手资料，同时也发现了不少令人深思的问题。他对县委同志说："兰考是个大有作为的地方，问题只要看得准，干下去，要革命。兰考是灾区，穷、困难多；但灾区有个好处，它能锻炼人的意志，培养人的革命品格，革命者，要在困难面前逞英雄。"

焦裕禄同志坚定的革命意志和乐观主义精神，感染了县委的领导，感染了全县的党员、干部和群众。

查水路　改碱窝

1963年，秋汛提前来到兰考。雨像瓢泼一样地猛下起来，只下得洼地积水，河道浸溢。

刚从堌阳回到县里的焦裕禄，望望哗哗下着不停的大雨，说道："我等它还等不到哩，现在雨送上门来了，这正是我们查水路的好机会！"

当晚，焦裕禄在电话上找到其他几个常委，对他们说："我建议县委领导同志立刻分头下去，一面领导群众排水抗洪，抢救庄稼，一面抓住时机，冒雨观察，查清水路。公社、大队的干部，也一定要亲自到现场去，认真地查看，详细地记录，就地绘图。要一段一段地看，一片一片地查，把兰考的水路弄个水落石出。"

有的同志在电话里对他说："老焦，我们分头下去，你在家里指挥，你有病，水不比沙，你不能去。"

焦裕禄在电话里喊道："你把我看得太娇气了。现在

是机不可失，时不再来，我们要把握好时机。"

　　第二天早晨，焦裕禄带着几个人冒雨出发了。

　　他们一出县委，就被暴风雨包围了，一出城区，就走进了"汪洋大海"。呈现在眼前的，是房倒屋塌，洪水肆虐，禾苗都埋在水底下。跟在后边的一个同志禁不住担心地说："唉！庄稼全给毁了，群众今年冬天的生活可怎么过呀？"焦裕禄扭过头来，对大家语重心长地说："唉声叹气有什么用？老天爷也不会给咱们送来小米。我们要夺丰收，只有靠和天斗、和地斗。现在我们只要查明了水情，摸清了地势情况，就能制住老天，明年我们就不会再淹了。"

　　他们在城关周围走了一圈，没有找到水路，就又转到车站南边，焦裕禄走在前面，后面的人望着焦裕禄的

焦裕禄谈工作

焦裕禄纪念馆前的丰碑

背影，只见刷刷的雨点不住地在雨衣上流着，一双破胶鞋底早已露洞了，走起路来，"扑哧扑哧"直响，鞋里的水从洞口挤出来，一冒好远，大家都不禁心疼。走着，走着，雨水渐渐没过脚面。这时，焦裕禄突然喊道："来，来，这里有鱼。"

几个人兴高采烈地跟过去，的确有不少柳叶鱼，泥鳅，在焦裕禄的身旁游动，他们以为焦裕禄要抓鱼，不由得笑着问道："你想抓几条鱼回去吃吗？"

焦裕禄两眼注视着鱼，对同志们说："鱼在水里是非常敏感的。这些鱼被洪水冲了上来，现在要回到河里去，是顺着水的流向游去的。我们要看它朝哪里游，跟上它去找水的流向。"

几个人注视着鱼的游向，渐渐看清了，这里的水是朝南流的。他们沿着公路走去，愈走水愈深，两只脚越走越艰难。现在灌进鞋里的，已经不是水，而是泥浆了。他们一步一步地艰难地朝豆寨前进。

跟在焦裕禄背后的县委会干部老卓，看见焦裕禄在泥水里移动艰难的样子，他向周围望了望，公路两边正有一片高粱地，他跑到高粱地里，折了几根高粱秆，一人送去一根，以便做拐棍，又可以探水的深浅。

焦裕禄（中国画）作者·李洋

到了豆寨，找了村干部，查看了村里的情况，看到群众都得到妥善安置，焦裕禄稍稍安心些。当看到包围村庄的大水，他的眉头又皱了起来，问

村干部："这里的水能流出去吗？"

村支书发愁地说："这里的水只有两条出路：一条朝东，但那里是公路；一条朝西南，但是工程大些。我们正拿不定主意。"

听完村干部的汇报，焦裕禄带领干部和社员，在村口查看了一遍，说："挖断公路，对交通不利。那就朝西南挖吧！为了尽快抢救地里的庄稼，要赶快动手。"

当地群众下午便挖开了一条河，救出了几百亩庄稼。

离开了豆寨，他们又冒雨前进，走到王孙庄南边，这里是一片汪洋大海，连枣树也只露出一片枝梢了。大家看到这种情况，都觉得心疼。

焦裕禄向前望了望，忽然听到老卓说："洪水横流，水到底朝哪儿流，也没个准头。要有个水准仪、测量器就好了。"

　　焦裕禄听后，笑着说道："嗨，你们的'条件论'又来了。大禹治水时，什么仪、什么器也没有，人家旱地行车，水路行船，终于找到了办法。问题在于实践。"说完就继续向前走着，忽然焦裕禄像发现了什么秘密，兴奋地招呼大家说："嘿！你们看，这水正向那边流着。不入虎穴，焉得虎子！走，跟上它，找到它的老家。"

　　焦裕禄猛然觉得肝区一阵剧痛，一个趔趄差点没有摔到水里，一个同志紧跑两步，上前扶住他，担心地说："老焦，水这么深，雨又那么大，你的身体……"

　　"把任务交给我们吧！我们几个人保证完成任务。"几个青年人围着焦裕禄，恳切地说。

　　雨越下越大，水盖住了庄稼，盖住了道路，到处是

水的世界，到处是哗哗的流水声和雨滴声。他们用高粱秆探着路，顺着水流，摸索前进。眼看着水流汇入一条小河，焦裕禄率先下河，跟踪而去，终于找到了水头的去向。

夜幕降临时，他们来到了金营大队。党支部书记刚从地里查水回来，一见是焦裕禄，吃惊地说："老焦，是您啊！雨下得这么大，路都淹没了，您怎么来的？"

"撑船来的呀！"焦裕禄扬了扬手中的高粱秆，风趣地说。

党支部书记连忙抱来一堆柴禾，让大家烤烤衣服。

焦裕禄却说："现在哪有时间烤火！来，我们还是研究怎么治水吧！"

说完，焦裕禄掏出了笔记本，指着自己画的"草图"，把找的水路和应该挖的问题，详细地告诉了几个大队干部，并且嘱咐他们说："要挖这几条河道，还牵扯到其他大队。动工之前，还要主动和豆寨、金寨大队协商好，做到团结治水，共除涝害。你们支部抓紧研究一下，看这样行不行。如果可以办，而且能够办到，那就快办，大办！有什么困难可以给公社说一下，他们会具体帮助你们的。"

布置完工作，党支部书记要给他们派饭。一说吃饭，

几个人的肚子里咕咕直叫，忙了大半天，早该饿了。但焦裕禄想到，雨天有许多不便，会给群众增添许多麻烦，连忙摆手说："雨下这么大，烧柴困难，不要再麻烦群众了。"

于是焦裕禄又拄着高粱秆，冲向迷蒙的雨幕之中。

　　焦裕禄到兰考之后，发誓一定要让"三害"减少到最低限度。在初步治理了内涝、风沙之后，治理盐碱的任务又摆在焦裕禄的面前。

　　兰考县共有五大块盐碱地，总计占地26万多亩。为了治理这些碱荒，焦裕禄跑了很多地方，进行调查，找寻治理方案。因为碱的种类很多，碱性不同，治理办法也不相同。焦裕禄每到一个地方，都要亲自进行试验，了解碱性，和群众一起商量治理办法。

　　有一次，他带着一个同志到许楼去看碱地。他每遇到碱地，就捏一撮碱土尝尝。跟他的同志问他："老焦，你怎么尽吃土呢？"

　　焦裕禄说："我这是进行科学试验，咱们没有洋办法，就使用土办法，我这舌头就是最好的试验器。"

　　为了把大片大片的盐碱地改造过来，变成耕地，焦裕禄不知花费了多少苦心。学试验，向老农请教，向专家求救，想方设法，把废地变良田。因此，他对这方面每一点发现，都给予充分的关心，每一点成就，都寄予极大的热情。

　　一天，他从堌阳公社出来，朝那里的老碱窝秦寨大队走去。他一边走，一边看。烈日当空，汗如雨注。望着眼前白花花的碱粒，他心里一阵绞痛。进入秦寨大队

的地段后，眼前顿时出现了一种截然不同的景象：一畦一畦的全是赭红色的淤土。另一片地上，长着茄子、辣椒，青翠可爱，生意盎然。他简直有些看呆了。

他想知道这个究竟，就到村里去找人。可是整个村庄显得有些空荡荡，尽是老的幼的，焦裕禄惊奇地问："老大娘，你们村里的年轻人呢？"

焦裕禄塑像

老大娘回答："都去翻地啦！"

焦裕禄穿过村庄，展眼一望，村民们正在烈日下，深翻土地。于是他也加入翻地大军中，可是谁也没注意到他。在焦裕禄旁边干活的是一位老大爷，焦裕禄就问他："你们这个办法能增产吗？"

老大爷听到问话，回答说："能增产。这地方在30年前是块好淤土。黄河决口后，把这块肥田冲成了盐碱地。现在让它翻个身，把淤土翻上来，它不是又变成了

好土地了？那还能不增产吗？"

焦裕禄有意地试探道："要把这几千亩碱地全翻一遍，这工程不小啊！"

老农望了他一眼，颇有信心地回答："愚公一家人，能搬走两座山，咱们好几千口人，还翻不了一块盐碱地。用它一年，两年，三年，就是再长一点的时间，我们也一定能够翻完，我们有这个决心。"

YU GONG YI SHAN

愚公移山

党的好干部焦裕禄　　作者·陈国力

焦裕禄高兴地道："好，说得好，这才是咱们社会主义的新愚公。"

正当焦裕禄和村民们叙话时，村里发生另一件事：公社打电话来，找焦裕禄同志。留在家里的人都说没见过焦书记过来。电话里又说："是朝你们大队去了，去了好半天了。"

经过大队干部的查找，才在地里找到了焦裕禄。这时，焦裕禄正在和村民们一起学"愚公移山"，当他回过头来，正好看见了支部书记。他说："老赵，村民们决心很大，一定要注意劳逸结合，跟盐碱斗，不是一朝一夕的事，得要有股顽强劲，你们现在还有什么困难吗？"

　　当焦裕禄得知工具差，效率低时，就回答说："好，工具好办，我让供销社尽快给你们送来。"焦裕禄回到县里以后，立即拨了几万斤粮食，同时通知供销社把群众需要的工具送去。

　　一天，焦裕禄从另外一个盐碱地调查回来，在县委办公室翻阅报纸，忽然看到报纸上登着河南新乡一个地方治碱的先进经验。于是就对身边的同志说："我推荐这几篇报道，你们仔细看看。我觉得这里有许多东西可以学。我们既要总结本地经验，也要学外地经验，要和盐碱进行战斗，不懂科学道理，不学习外地经验，就不能工作。"

　　焦裕禄最后又说了一下治碱的前景："我们不能光靠救济。光靠救济，越救越懒，越懒越穷。应以治理为主，以救济为辅，既从群众眼前生活考虑，也从群众长远利益着想。我相信，只要我们有决心，所有十年九不收的老碱窝，定能改造成为幸福田。只要有愚公精神，并抓紧进行科学试验，兰考二十六万亩碱地，早晚都要变成万顷良田。"

贴心人　知冷暖

焦裕禄心里每时每刻都在挂念着人民，唯独没有他自己。

1963年冬季的一天下午，忽然刮起大北风，接着鹅毛般大雪漫天飞舞，气温急剧下降，天空阴沉，看样子，大风雪还在后面。

焦裕禄见此情景，忧心重重地说："风雪这么大，不知下面做了安排没有，县委要赶快下个通知。"说完，他转过头来，对同志们说："风雪越来越大，在这大雪天，贫下中农住得咋样？是不是缺吃缺烧的？国家的救济物资是否都已发到困难队的群众手里？我们要想办法了解，帮助安排好！"接着，又让县委办公室立即通知各公社做好几项工作。

焦裕禄一直惦记着群众，那天晚上，他房间里的灯一直未熄。

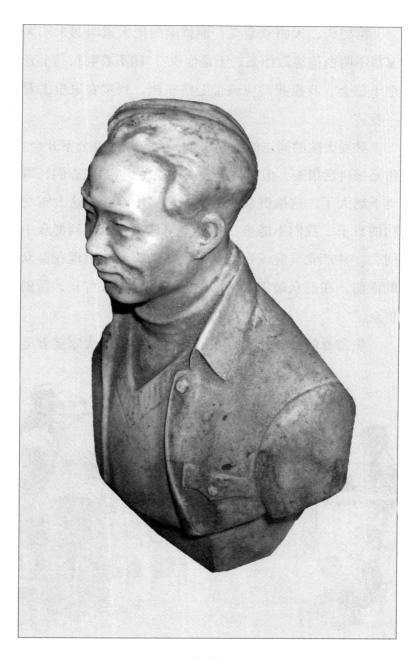

　　第二天，天刚蒙蒙亮，他就敲门把大家叫起来。大家都不明白他想做什么，于是他说："睡不着啊！马上开个干部会，我想我们应该带上些东西，到贫农家里去看一看。"

　　县委大院的同志们都起来了，大家来到办公室开会。焦裕禄讲话很短，但感情十分激动。他说："同志们，雪越下越大了，这给群众生活带来许多困难，在这大雪封门的日子，我们不能坐在办公室里烤火，应该到群众中间去。共产党员应该在群众最困难的时候，出现在群众的面前，在群众最需要帮助的时候，去关心群众，帮助群众。"

　　焦裕禄的话，句句打在同志们的心上。大家望着老

焦的表情，心里非常激动，许多人眼睛都湿润了，有的同志流出了眼泪。大家心里有许多话想说却说不出来，屋子里一片寂静。

焦裕禄讲完话，接着宣布："为了帮助贫农解决雪天生活的困难，我们马上带着国家救济粮、款，分路出发，去贫农家里访问。"他的话一讲完，同志们立即行动起来。

他们分成两路，同时出发，焦裕禄亲自带队出发时，雪下得正紧，打在脸上，眼都睁不开，五六步远就看不清人。同志们担心焦裕禄的身体，就对他说："老焦，风雪很大，反正我们人也足够了，你就在家里守电话吧，万一哪个公社有事，也好及时解决。"焦裕禄好像没听到同志们的劝说，第一个走出县委的大门。

清晨，风雪打着急旋，铺天盖天地压来，路旁的电线杆子被风吹得"呜呜"直响，地面上的东西都被雪盖住了。积雪已有半尺厚，在雪里插脚容易，拔脚费劲，走起路来，十分吃力。但焦裕禄精神抖擞，跨着大步，一直走在大家的前面。

他们首先来到一个叫作高照头的村子，访问了军属靳大娘。靳大娘五十多岁，大儿子参军，身边还有几个年纪较小的孩子，因此家里生活比较困难。

焦裕禄走进屋后，问寒问暖，事事都关心，生怕漏掉任何一件事情。靳大娘觉得这人非常和蔼可亲，可是，

他是干什么的呢？从哪里来的？来这又要做什么呢？老人家不知道，她只是目不转睛地盯着焦裕禄，心里很感动。

焦裕禄看出了靳大娘的心思，亲切地说："大娘，我们是从县里来的，在这大雪天，上级派我们到这里看看，

生活是否有困难!"

靳大娘听这话后,激动地说:"这样的天,你们来看俺,真得感谢党,感谢毛主席,感谢你们这些好干部。"说完,抓起一把草就要生火,说:"看把你们冻的,生把火你们暖和暖和吧!"

焦裕禄连忙劝阻:"大娘,我们不冷,跑得身上都出汗了,这些柴火还是留着用吧!"一边说,一边把靳大娘扶上炕,又询问起来,最后说道:"上级叫我们带了点粮食和钱,给您先接济接济。"

靳大娘再也控制不住满眼的热泪,扑簌簌地流了下来,然后用手擦了擦眼睛,说:"俺大孩子前些天来了

焦裕禄冒雪访贫问苦

信，部队的领导也关心俺，问俺有没有困难；这儿的干部也来问过。现在俺没有啥大困难，还是把东西给别人吧！"

焦裕禄说："大娘，这是咱党和毛主席对人民的关心，您就收下吧！往后的日子不用犯愁，有共产党在，'三害'一定能治好，咱兰考的面貌一定能改变。"靳大娘听了连连点头，说道："俺一定写信告诉大孩子，叫他在部队好好干，为人民立功。俺也要积极参加集体劳动，为搞好生产出力。"

离开了高照村，焦裕禄又连着访问了几个村子，当离开最后访问的村子时，已经是下午四点了。大家老早

他心里装着全体人民，唯独没有他自己。　作者·董辰生

就出来，到现在还没吃一点东西，可是谁也不觉得饿。

天色已晚，风雪依旧像上午一样不停。大家的衣服上的雪由于进屋后化成了水，出门后又冻了冰，脚上的鞋也湿透了。焦裕禄问同行的小伙子小崔冷不冷，小崔说："不冷！今天跟你到贫农家里走了一趟，等于上了一堂生动的教育课，我心里可热了。"

焦裕禄看着小崔，笑了，说："是啊，我们在办公室烤火都觉得冷，现在倒不觉冷了，你说这是啥原因？"小崔说："因为我们的心和贫下中农的心是连在一起的。"焦裕禄满意地点点头，顺手把一件雨衣给小崔披上。

焦裕禄只顾照顾别人，没注意他自己，他的衣领上

已堆了一堆雪，结成了冰。同行的小李替他把冰抠掉，并劝他放下帽耳。焦裕禄不肯，笑着说："你摸摸我的身上，都已经出汗了。"说完，迎着风雪，大踏步地向前走去。

一天，焦裕禄到葡萄架村了解受灾情况，在同群众的交谈中得知一位农民的小孩子得了重病，已奄奄一息了。焦裕禄听到此，连忙赶到这位农民家。

这时，展现在焦裕禄面前的是一个瘦得皮包骨头，塌陷的双眼眯缝着，连哭的气力都没有了的一岁左右的小孩。孩子的母亲抱着孩子，只是一个劲儿地哭。孩子的父亲把箩头和秆草放在床前，等着孩子断气后，就扔到野外去。

焦裕禄紧走几步，凑到床前，用手摸摸孩子的眉头和鼻孔，并安慰孩子的父母："先不要着急，只要有一点希望，就一定要把孩子救活。"并给孩子的父母写封信，让孩子的父母马上带孩子去县医院。

孩子的父母以为已经没希望了，所以说："孩子不行了，到县医院也救不活。"到最后，还是在焦裕禄的催促下，他们把孩子抱到县医院。

焦裕禄又专门给医院打个电话，请他们帮助安排住院。

在医院里，医生们紧张地安排着这个孩子的治疗。

医生诊断后，需打针抢救。可是看到这孩子的样子，谁也不敢打针。最后，一位护士勇敢地站出来，从孩子的脚趾间把针扎了进去。

在医生们的精心治疗下，孩子的病情逐渐缓和。但是焦裕禄还是不放心，再三叮嘱医生，要尽最大的努力抢救。

经过一段时间的治疗，孩子的病情慢慢好转了。出院那天，焦裕禄特别赶来，他抱起孩子，亲了又亲，把孩子举过了头顶……

身廉洁　不染尘

　　焦裕禄时刻牢记共产党员的宗旨：全心全意为人民服务。从不占国家和群众的丝毫便宜，他以自己的实际行动，为广大党员干部树立了廉洁奉公的光辉形象。

　　1963年7月中旬，焦裕禄骑自行车下乡检查生产。当他们走到一个村子边时，太阳像火炉一样把大地烧得火热，焦裕禄和随行的同志，衣服都被汗浸透了。这时大家非常渴望能找来一些解暑的东西。忽然，随行的同志发现公路旁有一个瓜园，西瓜圆滚滚的，满地都是。随行的同志建议："焦书记，歇歇吧！我们买个西瓜吃吃，然后再走！"

　　焦裕禄想了一下，微笑着说："以前我曾在这里工作过，社员们都认识我，我们在这儿买瓜，群众会不要钱，或者少要钱。那样我们会占群众的便宜，影响不好。还是回到县城喝凉茶水吧！凉茶水比西瓜还解渴呢！"

学习焦裕禄同志全心全意为人民服务

宋任穷一九九零五一劳动节

1990年五一劳动节，宋任穷为焦裕禄题词："学习焦裕禄同志全心全意为人民服务。"

几天后，焦裕禄带领"三害"调查队的同志，为了勘察河道，来到一个大队。正是炽热天的中午，气温高达三十多度，每一个人的脸上、身上都淌着汗。大队的干部看到他们热成这个样了，便让人到瓜园里摘了十多个大西瓜，切好放在桌上。

当大队干部把焦裕禄一行领到大队院子，大家一进院子，展现在眼前的是满桌子的一块块西瓜，有红沙瓤的，白沙瓤的，黄沙瓤的。大家心里非常想吃，但嘴上却谁也没吱声。还是焦裕禄先说话："我们刚在北杓喝了茶，都不渴，谁要渴，就喝点茶，西瓜不能吃。"大队干部还是硬塞给调查队的队员，队员们也都不肯吃。正在推让之时，下工的社员路过这里。焦裕禄灵机一动，双手捧起几块西瓜走过去，每人分给两块，并说："瓜，是社员们种出来的，应该让他们先吃，他们的功劳比我们大，他们流的汗比我们多。"同行者看到焦书记这样，也都给社员送瓜。社员们又把瓜塞给调查队的队员，焦裕禄诙谐一笑："吃吧，谁吃瓜谁拿钱，谁也占不了群众的便宜。"

天色已晚，他们走在黄河大堤上，焦裕禄动情地说："这大堤是由一粒粒土堆积而成的，如果发现一个小孔而不及时堵住，那日后就会出大问题，俗语说：'千里之

谈心——焦裕禄和老贫农

此画突出表现了焦裕禄为改变兰考农村的贫穷、落后与人民同甘共苦、血肉相连的感人情景。作者·陈良才

焦裕禄下乡随时与群众一起劳动，并听取群众的建议，这是他在锄地。

堤，毁于蚁穴。'"他停了一停，接着说："干群关系也是这样，不从小事做起不行啊！"一席话，说得大家心里热乎乎的，同志们迈着坚实的步子向前走去。

焦裕禄从来不搞特殊化。1962年，过春节时，机关给他家送去几斤肉，焦裕禄就问："机关的同志人人都有份吗？"送肉的同志看瞒不过焦裕禄，于是就告诉他："这是照顾书记的。"焦裕禄一听，非常不高兴，坚决要那个同志把肉带回去，并说："我家已经买肉了，请送给没有买肉的同志吃吧。"并嘱咐那个同志，以后不要再这样做了。

焦裕禄刚到兰考的时候，看到县委机关北面有个大池塘，里面有鱼。焦裕禄发现这个池塘可以养鱼，就让人放了几万尾鱼苗进去，于是这个池塘就成了养鱼池。

焦裕禄非常关心鱼苗的生长情况。时常在休息时间，到塘里捞上几尾，看看长多大了，然后再放到塘里。有时看到捕捞队去打渔，就跟他们一起去打渔。有一天，渔场的同志觉得焦裕禄为渔场操了不少心，还经常参加劳动，就用桶装了几条活鱼送到焦裕禄家，说："这几条鱼让焦书记尝尝吧！"

孩子们一见活蹦乱跳的鱼，喜欢得不得了，就趴在桶边用手捞鱼玩，并嚷着要吃鱼。焦裕禄回到家后，见孩子们被几条鱼引得那么高兴，也笑着跟孩子们一起看鱼。可是，当他知道了鱼的来历，就立刻对孩子们说："这鱼是叔叔们劳动养大的，咱们没有劳动，不能白要。"说罢，把鱼放在盆里，让大孩子把鱼送还给渔场。

焦裕禄到了兰考以后，哥哥嫂子总以为这下可以借上光了，不断对焦裕禄的爱人徐俊雅说："让你侄儿新太

象焦裕禄同志那样完全彻底为革命
象焦裕禄同志那样全心全意为人民

向焦裕禄同志学习

焦裕禄与爱人在大连时的合影

给老焦当个通讯员，不比用别人强吗？那孩子的字写得好，算盘打得顶呱呱，当几年通讯员不就提升成干部啦。"

徐俊雅开始没有向焦裕禄提及这事，可她又禁不住哥嫂子的絮叨，终于有一天，徐俊雅向老焦开口，提及此事，可是，话还没有说完，焦裕禄就打断了她的话，严肃地说道："不行！现在农业上需要知识青年，那里的天地很广阔，让他在那里好好干。我是一个县委书记，我不能随便用人，带头违反国家政策！"

像这样的事情数不胜数，焦裕禄处处为群众着想，以普通劳动者自律。

有一次，焦裕禄要去看戏，就到剧场售票处排队买票。站在后面的一位同志一眼认出了焦书记，便惊奇地问："焦书记，你怎么也排队买票啊？"

焦裕禄听到这句话很有感慨地便反问道："县委书记就不能排队买票吗？县委书记就有特权啦？"这时，排到焦裕禄买票，售票员没有发现是焦书记，随手扔出一张后排的座位。焦裕禄拿着票，走进剧场，对号入了座。

过了一会儿，剧场里的负责人巡视会场，看见焦裕禄坐在后面的位置上，既吃惊，又抱歉，于是就拉着焦裕禄的手说："焦书记，请到前边就坐！"

焦裕禄这时和蔼地说："谢谢你，我买的就是这排的票。我眼力好，坐在后面一样看。乡下群众轻易不进城，

看戏的机会少，前排的座位应该让给他们坐。"剧场负责人看到焦裕禄没有挪动位置的想法，于是就说："前边给县委领导留着座位呢！这是多年的老规矩啦！"边说边拉着焦裕禄。

焦裕禄以前也听说过这个"老规矩"，只是没有亲自体验过；有一位县委主要领导人非常喜欢看戏，不但不买票，暗地里还让剧场留着好座位，而且只要他一来看

戏，身后肯定是带着一大群，常常把第三排塞得满满的。时间一长，群众就习惯性地把这一排称为"老三排"，把这位领导叫作"老三排排长。"

这是焦裕禄同志生前在田间劳动的情形。

任凭那位剧场负责人怎么拉，焦裕禄始终是一动不动。焦裕禄严肃地对那位剧场负责人说："这个'老规矩'是不合理的，应当破除。过去有人这样做是不对的。我们不能为了迁就某些人的坏作风而放弃原则，要处处多为群众着想。"那位同志看到焦裕禄这样正直，这样坚持原则，打心眼里由衷地佩服焦裕禄。

有一次，夜已经很深了，焦裕禄仍在灯下忙着公务，随着屋门一声响动，他上小学的大儿子焦国庆回来了。

焦裕禄问道："这么晚了，到哪里去了？"

"看戏了，戏真好看。"国庆高兴地回答。

"谁给你买的票？"焦裕禄问。

"没买票，我说焦书记就是我爸爸，检票的叔叔就让

我进去了。"国庆边说边得意。

焦裕禄听后心里一惊：这样小的孩子，就知道利用家长的名声，闹特殊，看"白戏"，发展下去，后果会很严重的。于是，就严肃地说："孩子，你不买票就看戏对吗？"

"我是小孩，大人们不会有意见。再说看一场戏又有什么了不起的！"国庆仍不以为然。

"按你说的，年纪小，就可以占公家的便宜啦！"你要知道，小时候养成了贪小便宜的习惯，长大了，就会贪大便宜，这是十分危险的！"焦裕禄说话时的脸色很不好看。

焦裕禄瞅了国庆一眼，又接着说道："演员叔叔唱戏是一种很辛苦的劳动。看'白戏'就是一种剥削行为……"

小国庆看到爸爸真的生气了，就向爸爸承认了错误，并保证："爸爸，我错了，以后再也不看'白戏'了。"

"这还不够。"焦裕禄说着从衣兜里掏出两角钱，交给大儿子，又语重心长地教育大儿子："要从小养成为人民服务的好品德，不要以为爸爸是县委书记，你就可以搞特殊化。不光在看戏方面，做其他事情时也是如此。明天把钱送给检票的叔叔，同时要向叔叔承认错误。"

经过焦裕禄这么一说，国庆心服口服，连连点头称

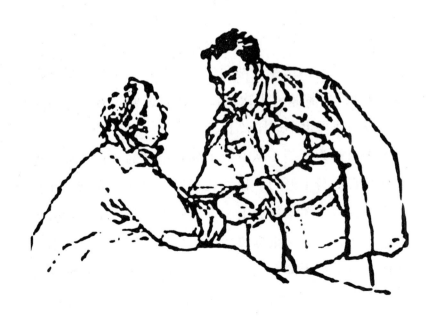

是。

第二天，国庆拿着两角钱，亲自送给那位检票的叔叔，并说："叔叔，上次我没买票就进剧场看戏，我错了，以后我再也不这样做了。"

焦裕禄为了纠正从看戏上反映出来的不正之风，他首先从自己身上开刀。以大儿子看"白戏"为例，在县委会和县直机关干部会上，多次检查自己对子女教育不够。后来，县委又根据焦裕禄的提议，针对当时的不良倾向，向全县干部发出一个"十不准"通知：不准任何干部闹特殊，不准任何干部和他们的子弟看"白戏"

……焦裕禄身体力行反对特殊化的模范行为，给当时干部作风的转变起了很大的推动作用，也给后人树立了光辉的榜样。

焦裕禄还有不为人知的另一面。

焦裕禄女儿焦守云曾回忆父亲说："父亲其实能歌善舞、多才多艺。"

在焦裕禄逝世45周年之际，焦裕禄的二女儿焦守云接受记者采访时说，生活中的焦裕禄不但是一位慈祥、有爱心的父亲，而且还能歌善舞、多才多艺。

焦裕禄去世时，焦守云才11岁。尽管年龄很小，但由于焦裕禄平时和子女在一起的时间不多，所以焦守云对类似的生活点滴记忆尤为深刻。

焦守云回忆说，焦裕禄到兰考工作后，在家的时间

　　1962年冬天，焦裕禄来到兰考，他带领全县人民斗盐碱、抗洪涝、治风沙。如今在兰考的大田里，间作的泡桐，成行、成方、成片，成为兰考大地上独有的景观。兰考县农桐间作面积已达六十多万亩，成为我国重要的桐木生产基地。

非常少。她的兄妹放学回来，难得见到父亲的身影。问起来，母亲的回答不是下乡就是在开会。

　　"一旦有时间在家，父亲就爱和我们待在一起，他给我们唱儿歌，还教我们养小兔子，在房前屋后种瓜种菜。"焦守云说，"有时候下乡也带上我们，让我们捡拾路边的麦穗。现在想起来，父亲是要通过这种方式教会我们颗粒归仓的道理。"

　　值得一提的是，和通常人们印象中总是深入基层、埋头工作的形象不同，生活中的焦裕禄是个爱好广泛、很有情趣的人。"父亲其实能歌善舞、多才多艺。按照母亲的评价，我们兄妹这么多人，就综合素质而言，还没有人能超过父亲。"

焦守云介绍，焦裕禄生前特别爱唱歌，而且"唱得有一定的水平"，在当年工作队排演的一出歌剧中曾经扮演过主人公；舞跳得也很好，因为个子高，1.76米，跳起来舞姿很好看，就连一起工作的外国专家都赞叹说："拉牛尾巴的人能把舞跳这么好，真是少见。"此外，爱打篮球，二胡拉得也特别好，"母亲就是循着二胡声追到他跟前的"。

"父亲并非天生如此，这都是后天学习得来的，说明

他对生活充满热爱。"焦守云说，"只是到了兰考后，因为客观环境所限，使得他没有条件、时间和心思来做这些事，人们也就很少看到他的这一面。"

从焦裕禄同志的遗物中我们看到，他的办公桌、文件柜都是原兰封县委初建时买的，有不少地方破损。当时有人劝焦裕禄同志换个新的，他没有采纳这个建议，而且修了修，照样使用。他用过的一条被子上有42个补丁，褥子上有36个补丁，同志们劝他换床新的。他说："我的被子破了，是需更换新的，但应该看到，灾区的群众比我更需要。其实，我这已经很好了，比我要饭时披着麻包片，住在房檐底下避雪强多啦！焦裕禄同志的衣、帽、鞋、袜都是拆洗很多次，补了又补，缝了又缝的，虽然破旧得很厉害，但是焦裕禄同志总是舍不得换。他的爱人徐俊雅同志最后生气了，不给他补，他就自己动手补。一次，有位干部提出要装潢一下领导干部的办公室，焦裕禄同志严肃地说："坐在破椅子上不能革命吗？兰考的灾区面貌还没有改变，群众生活还有困难，富丽堂皇的事不但不能做，就是连想也很危险。"焦裕禄同志就是这样，始终保持着劳动人民的本色，心里想着群众，唯独没有他自己。

县委书记的好榜样——焦裕禄　作者·杜建国

人民公仆焦裕禄

病榻上　魂牵民

正当兰考人民除"三害"斗争胜利发展的时候，焦裕禄的肝病越来越严重了。

焦裕禄来兰考之前，曾经患过慢性肝病。县委和上级领导同志都很关心他，但他自己却从来没有把病放在心上，一直带病工作。每次到地委开会，领导都劝他住院，他都婉言谢绝。他说："一住院，听得见的都是病，跑进了病的圈子，轻病也能重三分；坚持工作，工作的乐趣可以驱除疾病的痛苦，这样对战胜疾病反而有利。我的病是慢性的，慢慢治，就会好的。"

在疾病面前，他是一个无畏的战士。他总是以战士的姿态出现，勤奋忘我的工作，显得有无比旺盛和充沛的精力。

人们越来越多地看到这样一个现象，无论在开会、做报告或听汇报时，焦裕禄总是把右脚踩在椅子上，用

右膝盖顶住肝部。他棉衣上第二、第三个扣子总是不扣的，左手经常揣在怀里，压住肝部。铅笔、掸子把或是茶壶盖、牙刷把……都是他用来压制肝疼的工具。日子长了，竟把椅子靠手顶穿了一个洞。

　　一次，焦裕禄到地委开会，地委同志见他病情发展已经很重，劝他住院治疗，他坚决不肯。他考虑兰考的工作正在"爬坡"，他绝对不能离开。地委给他请了一位有名的中医看病，开了一个药方。县委的同志给他买了几副药，吃过后疗效比较明显，可是，他嫌药太贵，不肯再吃下去。同志们问他为什么不继续吃下去，他说："兰考是个重灾区，群众生活还很困难，花那么多钱买

药，我吃不下去。慢性病，慢慢治，就会好的！"

　　一次，焦裕禄和县委办公室的一个同志一起去乡下检查工作，他们两人都骑着自行车，往常焦裕禄骑车总爱一阵紧登，骑得比谁都快，可是这次，他的速度很慢，后来，他干脆骑不动了，实在支持不住，只好下车，蹒蹒跚跚地推着车子向前走。

　　同行的同志知道焦裕禄的肝病又犯了，于是就对焦裕禄说："老焦，不行的话，你还是先回去吧！"

　　"不，工作还在等着我们呢！"焦裕禄坚强地回答，

并推着车子，一步一步艰难地向前走去。

　　他们两人走走歇歇，歇歇走走，终于走到了公社，公社的领导看焦裕禄的气色不好，就说，"老焦，不忙谈工作，我先给你找个地方休息一下再说吧！"

　　焦裕禄断然拒绝，说道："我不是来休息的，是来工作的。你还是先谈谈你们的工作吧！"

　　这次，焦裕禄跟往常不一样，右手记着笔记，左手伸进衣服里，不住地使劲压迫肝部。公社的同志在汇报中间，看见他拿钢笔的手不住地颤抖，好几次，笔从他的指缝里掉到地上……同志们看到这种情形，心里又激动又难受，噙着眼泪，嗓子里哽咽得说不出话来。

　　焦裕禄稳了稳神，像什么事情没有发生一样，坚持听完汇报。之后又帮助大家安排了工作。这时又要去下面看看，公社党委书记再三劝阻，仍然没能把他说服。

焦裕禄刚走出公社大门，一阵剧烈的肝痛，使他几乎晕倒。正是在这种情况下，焦裕禄才不得不放弃原来的安排，当天晚上返回了县城。

第二天，县医院检查的结果，使人们感到焦裕禄病情的不妙，于是医生让焦裕禄转院到开封。

入院以后，焦裕禄的病情不断地恶化。到第8天，他的肝已由入院时的4厘米，胀大到8厘米，医生诊断怀疑是肝癌，需做肝刺检查。党组织决定把他送到郑州河南医学院附属医院。可是焦裕禄不同意，经过党组织反复做工作，最后才同意了。

在郑州，医生诊断是原发性肝癌，没过几天，又把他转到北京的医院。经过专家医生的认真检查，确诊为：肝癌后期，

他心里装着全体人民，唯独没有他自己。 作者·董辰生

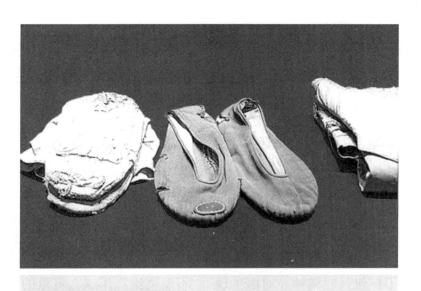

焦裕禄纪念馆内的展品

皮下扩散。这是一个在当时除了保守疗法之外，毫无任何办法的病症。

不久，焦裕禄又被送回郑州，住进河南医学院附属医院。他的身体比以前明显地消瘦下去，肝病不再是一阵儿一阵儿地发作，而常常持续很长时间，有时痛得整夜不能合眼。

有一次，焦裕禄半夜被疼痛折磨醒了，他疼痛时发出的声音，把爱人徐俊雅给惊醒了，徐俊雅一看，老焦已经在床上蜷曲成一团。徐俊雅忙着去找医生，被焦裕禄叫住，并说："半夜三更的，不要去打搅医生的休息了。"徐俊雅看焦裕禄疼痛的样子，就说："还是让医生给你打一针止痛药吧！"焦裕禄仍是摇头。

徐俊雅再也忍不住了，她趴在床上哭了起来，她觉得进退两难，不知如何是好，所以越想越伤心，越哭越厉害。焦裕禄见到妻子这个样子，就对她说："打止痛针是能止痛，可这能管多大会儿，药又这么贵，我老是打针，得白耗多少钱啊！反正我能顶得住，省下来还可以节约不少医疗费用呢！"

焦裕禄生命弥留的最后几天，一直处于昏迷、抢救、再昏迷的状态之中，此时，他意识到，自己的时间不多了！他打起精神，对医生说："不要再给我用这么贵重的药了，应该留给比我更需要的同志！"

即使是在病情垂危到了最危急的时候，他牵挂的仍

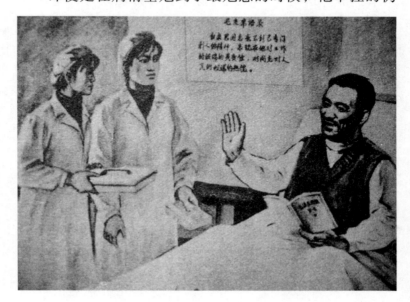

是党的事业，是兰考人民向"三害"作斗争的大事。

县里的领导去看他的时候，焦裕禄很少谈及自己的病情，常常提到许多问题，详细询问除"三害"工作的进展情况，"黄蔡河疏通得怎么样了？张庄的沙丘贴上膏药没有？扎上针没有？秦寨盐碱地上麦子长得咋样？"

人们看着焦裕禄黑黄的脸、骨瘦如柴的样子，真是心如刀绞一般。有的人忍住泪，哽咽着把兰考的一些事情说给焦裕禄听；有的控制不了自己，泪如泉涌。每当此时，焦裕禄反而劝导他们："你们哭啥，我不能死，我给党给人民做的工作太少了。"

1964年5月初，县委副书记张钦礼赶到郑州去看望焦裕禄同志。当他得知了老焦的病情，思想非常紧张，

心里像坠了铅一样沉重，他怀着难言的心情去病房看望焦裕禄。

焦裕禄的脸色苍白，但见到张钦礼之后，像没有病似的，问候到："你来了！"脸上也露出了笑容。他不谈自己的病情，先问县里的工作情况："我听说咱兰考下大雨了，下没下？"

"下了。"

"庄稼淹了没有？"

"没有淹庄稼。"

"我不相信，你没有给我说实话！你在隐瞒情况！"焦裕禄非常认真地说："下那么大雨，咋能不淹庄稼！"

"我们的排涝工程起作用了，几条河都挖了，水都流出去了！"张钦礼回答道。因为焦裕禄非常想知道和"三

害"作斗争的情况，于是张钦礼又详细地讲了一遍工作情况，并告诉焦裕禄：沙丘没有露出来，只冲了沟，麦子淹了一些，但没淹那么多……

"好！"焦裕禄听后，非常高兴。过了一会儿，他忽然问张钦礼："我到

底得了什么病，在开封没住下，在郑州没住下，到北京还是没住下，现在又回到郑州来了。医生为什么不告诉我？你知道不知道，能告诉我吗？"

听到焦裕禄提出这个问题，张钦礼心里很难受。他想了一会儿，不知该怎样回答。可是焦裕禄又连问了几遍。最后张钦礼紧张地告诉焦裕禄："这是组织上的决定！"

焦裕禄听后，点点头，很平静地说："我明白了。"接着又对张钦礼说："钦礼，现在有句话我不能不向你说了，回去对同志们说，我不行了，你们要领导兰考人民坚决地斗争下去。党相信我们，派我们去领导，我们是有信心的。我们是灾区，我死了，不要为我多花钱，省下钱来支援灾区建设吧！我死后，只有一个要求，要求

县委书记的好榜样焦裕禄
XIANWEI SHUJI DE HAOBANGYANG JIAO YULU

组织上把我运回兰考，埋在沙丘上，活着我没有治好沙丘，死了也要看着兰考人民把沙丘治好！"

张钦礼再也无法忍住强烈的悲痛，望着他，心痛得要哭出声来。可是又不能面对着焦裕禄哭，于是转过脸去，强咽下泪水。他含着泪迈着沉重的步伐，走出病房。

后来，当医院发出焦裕禄的病危通知书后，中共河南省委和开封地委的负责同志再去医院看望焦裕禄，守在他的床前，地委领导对焦裕禄说："裕禄同志，党为了治好你的病，尽了最大的努力，医生说，你的病是肝癌后期，皮下扩散，目前对这种病还没有找到很好的治疗方法。你对后事有什么交代，请向组织上讲吧！"

　　焦裕禄听了之后，神情安然，他振作起来，双手拉着负责同志："党……派我……到兰考……工作，我……没有……完成……党交给我的……任务。"然后又向党组织重复了他的愿望："我活着没有治好兰考的沙丘，希望死后把我埋在兰考的沙丘上，死了也要看着兰考人民把沙丘治好！"说完，又昏了过去。

　　半个小时后，焦裕禄醒了过来，他慢慢地睁开眼睛，看了看同志们，又把目光移到爱人徐俊雅身上。他说："俊雅，你要坚强，在党的教育下，好好为人民工作。孩子还小，你就多辛苦了，要教育好孩子，要多叫他们参加劳动，把他们培养成红色接班人，生活要朴素一些，

焦裕禄蜡像

不要伸手向组织要救济。"

大家怕焦裕禄说得太多累着，就让他休息，谁料，这却是焦裕禄向党交出的最后一份合格的答卷了。

1964年5月14日清晨，焦裕禄同志停止了呼吸，时年42岁。

焦裕禄逝世的消息传到兰考，泡桐默哀，河水饮泣，土地悲诉，广大干部群众沉浸在无限的悲痛之中。

人们按照焦裕禄生前的遗愿，将他的灵柩运回兰考，葬在黄河故道的一座沙丘里。

送葬那天，阴沉沉地下着小雨。从火车站到那座沙丘4里多地的路上，人们自发地守候在道路两旁，有的人从百十里外赶过来，为的就是要最后看一眼焦裕禄，亲自护送他抵达安息的地方。上至白发苍苍的老人，下至刚懂事的孩童，他们多么希望能再多看一眼他们尊敬的焦书记、焦伯伯啊！青天俯首，大地落泪，人在悲泣，绿树丛林也发出了一阵阵低沉的呜咽声。

焦裕禄——永远活在人民的心中！

焦裕禄同志离开我们已经四十多年了。他领导兰考人民为改变贫穷落后面貌，治理"三害"，作出了重大的贡献。他那艰苦奋斗的精神，无私奉献，埋头苦干的精神，永远是人们学习的榜样。

精神永存

挥泪继承壮士志　誓将遗愿化宏图

焦裕禄，山东省淄博市博山区崮山乡北崮山村人，1922年8月16日出生在一个贫苦家庭。因生活所迫，幼年时代只读了几年书就在家参加劳动。抗日战争期间，焦裕禄家中的生活越来越困难。他的父亲焦方田走投无路，被逼上吊自杀。日伪统治时期，焦裕禄曾多次被日寇抓去毒打、坐牢，后又被押送到抚顺煤矿当苦工。焦裕禄忍受不了日寇的残害，于1943年秋天逃出虎口，回到家中，因无法生活下去，又逃到宿迁，给一家姓胡的地主扛了两年长工。

1945年抗日战争胜利后，焦裕禄从宿迁回到了自己的家乡。当时他的家乡虽然还没有解放，但是，共产党已经在这里领导群众进行革命活动，焦裕禄主动要求当了民兵。当民兵后，他参加过解放博山县城的战斗。

　　1946年1月在本村参加中国共产党。不久，他又正式参加了本县区武装部的工作，在当地领导民兵，坚持游击战争。解放战争时期，他带领民兵参加过不少战斗，以后又调到山东渤海地区参加过土地改革复查工作，曾担任组长。解放战争后期，焦裕禄随军离开山东，到了河南，被分配到尉氏县工作，一直到1951年。他先后担任过副区长、区长、中共区委副书记、青年团县委副书记等职。而后又被先后调到青年团陈留地委工作和青年团郑州地委工作，担任过团地委宣传部长、第二副书记等职。

　　1962年，调到河南兰考县任县委书记。

　　1964年5月14日，焦裕禄被肝癌夺去了生命，年仅

　　1922年8月16日焦裕禄出生在山东省博山县（今淄博市博山区）北崮山村一个贫苦农民的家里。故居现已建成焦裕禄纪念馆。

42岁。他临终前对组织上唯一的要求，就是"把我运回兰考，埋在沙堆上，活着我没有治好沙丘，死了也要看着你们把沙丘治好"。

焦裕禄同志病逝了。焦裕禄同志"是为人民利益而死的，他的死是比泰山还要重的。"在追悼会上，一位农民泣不成声地说出了兰考人民的心里话："俺的好书记，你是为俺兰考人民活活累死的呀！""挥泪继承壮士志，誓将遗愿化宏图"。这就是兰考人民最重要的誓言，他们化悲痛为力量，以更大的干劲，更多的汗水，努力改造着焦裕禄同志生前战斗过的兰考大地。

为人民服务是共产党员的一贯宗旨，焦裕禄堪称典范。

　　"兰考人民多奇志，敢教日月换新天"。焦裕禄同志彻底改变兰考面貌的遗愿，正在兰考人民的继续奋斗中逐步变为现实。

　　1966年9月15日，毛主席亲切接见焦裕禄的二女儿焦守云，并合影留念。同年10月1日，毛主席又接见了焦裕禄的大儿子焦国庆。

谁把焦裕禄事迹传向全国

　　焦裕禄是党员干部的楷模，是最受人尊敬的县委书记之一。1962年，在兰考县受风沙、洪水、盐碱三害最严重的时候，焦裕禄受命来到兰考。在兰考，为治理

"三害"，为改善兰考人民的生活，他忘我地工作，直到病逝。焦裕禄鞠躬尽瘁、死而后已的工作精神和他对兰考人民的真挚情意，深深地感动了每一个人。

焦裕禄事迹的传播，是在他病逝之后。

1965年，新华社副社长穆青在去西安路过郑州时，听取了新华社河南分社记者的汇报。记者汇报豫东灾区干部群众抗灾自救的事迹很多，也很感人。穆青要求记者深入到灾区去和人民共呼吸，做一名称职的好记者，并交代记者周原，10天之内找好一个采访对象。周原来到当时的重灾区兰考。走进县委大院时，正碰上县委新闻秘书刘俊生。刘俊生与周原一见面，便谈起了焦裕禄，谈到动情处，竟失声哭起来。刘俊生告诉周原，兰考人

民深深怀念他们的老书记。兰考县副书记张钦礼讲焦裕禄的事迹，一口气讲了18个小时，周原记了一天一夜，也哭了一天一夜。

当周原把材料带回郑州时，同事们告诉他，焦裕禄的事迹《河南日报》半年前已经报道过。有人建议等到焦裕禄迁坟时再写，可周原被焦裕禄的事迹深深感动，想尽快写出来。后来，周原将穆青和冯健带到兰考。在听张钦礼介绍焦裕禄事迹时，穆青也哭了。记者们哭得中午饭都吃不下去，下午继续听的时候，伤心得连钢笔也捏不住了。第二天上午接着谈，记者哭得受不了，被迫休会。穆青要求周原："立刻把他写出来！"周原问："不等迁坟了？"穆青说："马上写！"并说："干部群众关系到了这个程度，我们再笨，也要把事情写出来，一定能感动人民。"

周原一口气写出了1.2万字的初稿。穆青看罢，认为泪太多，悲而不壮，必须修改。穆青将初稿带回北京，九易其稿，定稿之后，再让周原去兰考核实。

1966年2月6日，《县委书记的好榜样——焦裕禄》在《人民日报》发表，同时该报配发了题为《向毛泽东同志的好学生焦裕禄同志学习》的社论。第二天，中央人民广播电台播出了这一长篇通讯，是著名的播音员齐越播送的。在制作这篇录音时，气氛空前异常，稿子还

作者·吴地林

挑灯夜读　作者·冯印澄

没念到一半，齐越已泣不成声。录音不得不一次次中断。到后来，连录音编辑也挺不住了，趴在操作台上哭起来。闻讯赶来的几十位播音员和电台干部肃立在录音室的窗户外，看着这感人的场面，悄悄地擦眼泪。齐越终于念完了最后一句："焦裕禄……你没有死，你将永远活在千万人的心里！"

随着齐越那激荡人心的声音，焦裕禄这个人民公仆的事迹和他的名字传遍了祖国大地。全国掀起了宣传学习焦裕禄的热潮。当时越南民主共和国主席胡志明读了这篇通讯，也深受感动，他在同年6月，用笔名"黎农"在越南《人民报》上发表题为《中国经验》的文章，高度赞扬了焦裕禄，号召越南干部学习焦裕禄。

焦裕禄纪念邮票

为了表达人民对焦裕禄同志的敬爱与怀念之情，我国原邮电部于1992年10月28日发行一套《党的好干部——焦裕禄》纪念邮票1枚，邮票图案是根据1963年焦裕禄的一张黑白照片而设计的，摄影者是当时兰考县委宣传部搞通讯报道工作的刘俊生。

焦裕禄生前很少照相，当刘俊生把镜头对准他时，他总是摆摆手，严肃地说："不要给我照，要照，去给群众照！"1963年9月初的一个下午，焦裕禄来到老韩陵大队的田头，在场的一位公社党委书记说："老焦呀！我想和你拍一张照片留作纪念。"经刘俊生的再三劝说，焦裕禄哈哈大笑地说："好，好。我爱泡桐，咱就在泡桐树前照个相吧！"当焦裕禄先走到一棵泡桐树前，刘俊生抢拍了这张照片。焦裕禄清瘦的面庞上挂着微笑，上身穿一件旧毛衣，毛衣领口上挂着一支钢笔，披着外衣，双手叉腰，像是刚刚查完风口，又像是在与群众屈膝交谈，神态自然，朴素感人，生动地展现出了焦裕禄的性格特点和为人民服务的精神风貌。

　　纪念焦裕禄同志逝世四十五周年新版邮票的首发式，在兰考县焦裕禄纪念园隆重举行。这套邮票的主题是"大力弘扬焦裕禄精神，开创科学发展新局面"，由省委书记、省人大常委会主任徐光春亲笔题写。省邮政公司副总经理徐茂君介绍，这套邮票发行是继1992年发行《党的好干部——焦裕禄》纪念邮票、2004年发行《党的好干部——焦裕禄》个性化邮票之后，再次以邮票为载体对焦裕禄精神的传播。

网上"焦裕禄纪念馆"

　　网上"焦裕禄纪念馆"于2002年开通，人们可以在网站为其献花留言，表达对"县委书记的榜样"焦裕禄

淄博焦裕禄纪念馆

焦裕禄同志永育孩子热爱劳动

一九六六年作於北京　江凡

作者·韦江凡

的深切怀念。

网上"焦裕禄纪念馆"是爱国主义网站"民族魂"的系列站点，设有生平简介、事迹介绍、图片资料、回忆怀念、纪念场所、影音作品、敬献鲜花、参观留言等栏目，通过丰富翔实的文字资料、珍贵的历史照片和感人的电影资料，真实地记述了焦裕禄的人生历程，生动描绘了他全心全意为人民服务的崇高精神。

网上"焦裕禄纪念馆"由共青团中央、中央党史研究室、国家档案局主办，团中央信息办、河南省兰考县政府、焦裕禄烈士陵园和中青网共同承办，成为广大人民群众缅怀和纪念焦裕禄、弘扬焦裕禄精神和对青少年进行"三个代表"重要思想教育、爱国主义教育的又一个网上基地。

焦裕禄纪念馆网址：http://jyl.chinaspirit.net.cn/

电影《焦裕禄》

制片公司：峨眉电影制片厂

出品年份：1990年

导　　演：王冀邢

主　　演：李雪健　李仁堂　梁音

获奖记录：1991年获第十一届中国电影金鸡奖最佳故事片奖，最佳男主角奖（李雪健），第十四届电影百花奖最佳故事片奖、最佳男演员奖（李雪健），广播电影电视部1989-1990年优秀影片奖。

剧　　情：风沙、水涝、盐碱等"三害"困扰兰考地区，焦裕禄受上级委派，来到这里担任县委书记。为了

李雪健扮演的焦裕禄

根治"三害"，尽快帮助群众脱贫，焦裕禄到兰考后马上深入调查，制订治理方案。但救灾物资运到兰考，焦裕禄主动率领县委干部去火车站卸货、发货，县委副书记、县长吴荣先对本应完成的工作坐视不管，还对焦裕禄带头工作感到不满。县园艺场老场长被活活累死，焦裕禄很受震动，决定为基层干部增加口粮配给，但有人却在吴荣先的指使下向地委告状。上级前来了解情况，几百名群众堵住会议室大门，为焦裕禄鸣冤叫屈。不久，兰考又遇特大水灾，焦裕禄强忍肝痛，冲在抢险救灾第一线。但因长期操劳过度，焦裕禄的肝病持续恶化，于1964年5月14日晨病逝，终年42岁。他的遗体被安葬在了黄河故道的沙丘上，近十万群众自发为他送葬，以表达对这位好书记的敬爱、怀念之情。

焦裕禄亲手栽植的泡桐已有半个多世纪的历史了

中华爱国人物故事
ZHONGHUA AIGUO RENWU GUSHI